AF466983

DOTATION.

« Ceci, lecteur, est un livre
« de bonne foi.
« MONTAIGNE. »

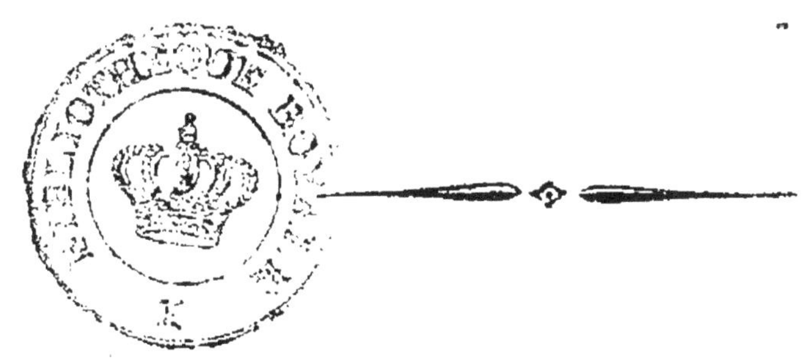

PARIS
IMPRIMERIE DE DUCESSOIS,
55, QUAI DES AUGUSTINS.

1844

Oui, c'est un pamphlet! — vous l'avez reconnu à la furtivité mignonne du format, — au mince évidage de la plume. — chatoyant, — pinçant, — mordant, — égratignant, — papillonnant dans les rues autant que tout petit livre de capricieuse et verte allure.

Mais, cette fois, la sarbacane s'est vissée aux mains de la bonne cause, — la catapulte et la baliste ont regagné les remparts fidèles,

— le carré s'est retourné, — le centre double les angles...

« Paraissez, Navarrais !... »

. . . .

On n'aurait pas deviné combien c'est facile besogne de se barbouiller en polichinelle, et de crier en s'embusquant aux carrefours : Pan ! sur la tête ! — pan ! sur les bras ! — pan ! sur le ventre !

On n'osait plus sortir avec une opinion droite ; — on craignait les détrousseurs ; — on courbait la tête, — pas un n'avait le courage de ses idées. — Lorsqu'il y a près d'un an, au sujet de cette dotation qui fait horripiler tous les cerveaux forts, nous avons déshabillé le colosse à base d'argile. — Il avait les flancs creux, et nous avons bien ri de trouver le monstre aussi flasque. — C'était trop de réputation, — et trop de gloire !

— Pouah! — Seigneur! qu'y avait-il au fond de cet encens? — Comme la pudeur publique était trompée!

Nous mettons quelque amour-propre, à nous être montrés les premiers sur la brèche.

Cette spontanéité, de notre part, a décidé d'autres convictions. — Tant mieux, — la cause en était digne.

Cet opuscule n'est point un prétexte, — une résurrection, — à propos de la Lieutenance-générale du Royaume, — des trophées de Tanger, — de Mogador, — d'Isly. — Nous n'avons pas attendu l'opportunité du triomphe, — de l'ovation. — C'est seulement à cause du bon sens outragé, — de la vérité violée, — de la justice sacrifiée, que nous déployons notre bannière.

Nous projetons aujourd'hui ce petit livre à travers les foudres de la publicité. — Nous l'avons fait honnêtement, — simplement, — et naïvement.

Advienne que pourra !

Octobre 1844.

PAUL-HENRY.

DOTATION.

« Ceci, lecteur, est un livre
« de bonne foi.

« MONTAIGNE. »

Vous tous, messeigneurs et vous, messieurs de haute et basse plume! — bourgeois et manants! — serfs et gentilshommes de la presse, — chapeau bas! — Tremblez bien fort dans vos greniers ou dans vos Louvres! — voici venir un maître coq, hardi, fier, bien crêté, bien ergoté! — Vous claquerez des dents comme damnés et cuistres au jour de la pesée suprême. — C'est qu'en effet vous êtes de grands coupables, et que déjà l'inexorable crainte d'un châtiment mérité vous fait chanceler comme l'ivresse. — Depuis trop longtemps vous vivez de l'abus, — connaissez le sacrifice.

Protégés jusqu'ici par la plus inépuisable des longanimités, — vous êtes presque arrivés à faire un État dans l'État, — *imperium in imperio.* — Vous avez, à force de sophismes, adultérisé, détourné du vrai les jeunes intelligences. — Nul n'était généreux, noble, bien doué, s'il n'avait reçu le sel de votre baptême. — On n'osait plus croire à rien sans votre firman. — Apparaissait-on dans la zone politique avec une genèse droite, sage, limpide; — si l'on avait négligé de s'oindre à votre chrême, — c'était, dans vos feuilles et dans vos pamphlets subversifs, — un *tolle* général; — l'immolation de celui qui n'avait pas voulu se faire votre adepte commençait, et il était aussitôt traîné à vos gémonies.

Dans vos clubs de révolution et de cynisme, votre esprit ne s'est jamais révélé que pour détruire.

Hongres jaloux, vous repoussez le feu qui féconde, parce que votre pensée est sans germe.

C'en est trop !

Des rangs les plus infimes s'élève une voix qui vous arrête ! — *Non ibis ampliùs !* — Voix algébrique, — pondérée, — pondérante, — puisée à l'ignition du foyer saint.

Au-dessus de vos clameurs, parce qu'elle est forte ; — voix qui dominera vos tempêtes, comme Stentor dans les batailles, chaque fois qu'une question artérielle s'ouvrira au flanc social.

Au-dessus de vos calomnies, parce que sa probité est dans ses convictions.

Bien au-dessus de vos mépris, parce qu'elle vous juge faibles !

Nous ne vous laisserons pas ainsi passer, nos maîtres, sans découvrir à chacun un coin de sa vergogne. — Vous avez beau vous dissimuler sous le pli frauduleux de votre manteau, — sous le fard menteur de votre parole, — le corsaire appuie, de prime-saut, d'un coup à fond, sa reconnaissance.

— Amène pavillon, toi !

Eh ! vive Dieu ! qu'est ceci ? — Le spectre-géant, — l'ogre panaché, — le cercle de Saturne, qui s'agite, blasphème au milieu de ses alambics, matras et cornues. — Son nez est long ; — ses cheveux ont blanchi, disparu sous les lunulles du chercheur de la pierre divine. — Voyez comme il expérimente, comme il se démène, et du geste et du regard ! — Lute bien à l'émeril, à l'argile ; — souffle, — ressouffle, verse des acides ; — l'atome s'enfle, — fusionne, — s'évapore ; seulement prends garde ! — le secret, peut-être, va t'échapper !...

— Patatras!! — Le mystère de la génération se précipite au milieu d'une grêle de tubulures, — de vases, — de flacons brisés et de graine de carotte!

Et toi, valeureux Timon, pour lequel les renommées phrygiennes ont embouché, brisé tant de trompettes, — tu es toujours là, comme un lion ardent, avec toute ta noblesse, — les griffes enfoncées dans le sol aride de la science, — sans te soucier du quartz ni du silex.

Tu égrises le diamant, croyant faire moisson de rubis et de roses, sans t'apercevoir que tu ne recueilles au tablier, que les parcelles enflammées de ta lime trop molle! — Trempe, — retrempe, — bats, frappe l'enclume, — arme-toi de tes tenailles logiciennes; — comprime! — tu n'as plus de muscles au poignet! — serre ton étau plus redouté que redoutable. — Mais en vain! — ton pas de vis est rouillé par le temps, —

plus fort que toutes choses, — plus terrible que tes pyramides de zéros, — tes prophéties, ta batte d'arlequin à souris maligne, — plus terrible que toi-même! — Active, — voici une bonne aubaine; — ouvre ton forceps, — étreins, — il y aura considération et profit. — « *Dotation Nemours!* »

Allons, vicomte-jacobin, — Jacobin-vicomte, — réjouis-toi tout haut; — tu vas vendre des petits livres, remplir ta pieuse escarcelle! — fourbis ta rapière! — en ligne! pare tierce! quarte! — coup de seconde! — fends-toi! — Néanmoins, redoute que la garde de notre épée ne te serve de plastron; et ce serait vraiment fâcheux, car, au fond, tu es bonhomme...

O Timon! ne sois pas plus longtemps l'expression réduite, capricante de l'aîné des Gracques, qui, faisant appel à ses amis, fut égorgé, sans merci, aux pieds du Capitole, par ceux-là mêmes dont il voulait l'affranchissement et le bonheur !......................

....

Hé ! mettez encore vos embarcations à la mer, vous autres forbans, qui arquebusez en pleine paix, et naviguez avec ces mots trompeurs à votre pavillon :

— « Honneur national !

« Bien public !

« Réforme électorale !

« Élections générales !

« Économie politique ! »

Hercules, qui recherchez l'hydre, et qui savez que l'hydre est une chimère.

Dompteurs de riens,

Broyeurs de mots vides,

Don Quichottes sans la moralité,

OEdipes devinant les choses à ciel ouvert,

Alexandres tranchant à côté de la difficulté !

Holà ! trois-mâts, — frégates, — corvettes, — bricks, — tartanes à flammes rouge, blanche, verte, bleue, omnicolore, — amenez! — vous êtes devant le vaisseau de la trinité-double : — l'intelligence, le feu, la force : — plus, la raison, la justice et le pardon.

Répondez : nous vous hélons!

« Quel chargement?

— « L'intérêt du peuple.

« Quel lest?

— « Le bien du peuple.

« Quelle route?

— « La voie du peuple!...

.... »

O peuple trois fois heureux! n'es-tu pas réjoui d'avoir de si zélés protecteurs?

Tant d'honnêtes métayers qui veulent diriger ta charrue, mettre le lien à tes gerbes, coupe-régler ton patrimoine, pour te départir juste assez de bien qu'il t'en faut, afin que le bonheur ne t'asphyxie pas.

Quelle uniforme et charitable intention!

comme ils se font souples pour te plaire! — déliés pour t'égarer! paternels pour te croquer la tête! — Ingrat! et tu n'as cure de ces dévouements héroïques! — tu refuses ces flots de lait, toutes ces neiges de miel.

Tu t'obstines à trouver dans le langage de celui-ci le reflet jugulant des principes du cynique Hébert-Duchesne; — dans la phraséologie religieuse et chattemite de celui-là, le retour au système pneumatisé de l'ancien régime : — d'un côté, la réverbération ténébreuse du dernier Stuart français; de l'autre, l'éblouissement meurtrier des farouches rois de 93.

Amortissement de toutes parts!

Mais il est avéré aujourd'hui que le bon sens ne déserte pas les masses ; — le couvre-face des ambitieux est pour tous le crible d'Ératosthènes;

Et nous sommes trop pénétrés par le soleil de l'intelligence pour ne pas distinguer les bulliardes de tous ces petits corps, qui se consument à vouloir rayonner.

Parce que notre époque est positive, — parce que l'intérêt prévaut assez publiquement, — ils ont compté sur nous, sans apprécier ce que nous valons encore. — La source vive des sentiments élevés, — des passions pures, n'a pas cessé de jaillir.

Ce ne sont plus aujourd'hui les agitateurs qui se retirent au Mont-Aventin, — c'est la partie saine des hommes d'ordre qui se sépare des réacteurs sans virtualité comme sans harmonie. — Elle s'éloigne des bas-fonds, où les intelligences croupissent, se font tourbe, — pour respirer, dans des conditions équilibrées, l'air pur, l'arome, l'éther, qui seuls donnent la vie.

— Silence!... mousses et matelots! — Pilotes et pilotins, à la barre!... — Artilleurs, à vos pièces!... Là bas! qu'est-ce encore? —

Un sphéroïde mastodonte, à la marche incertaine, aux fanions louches,—plongeant, disparaissant sous la vague, se redressant pour plonger encore!...—Manquerait-il de boussole, —d'un chef habile? —A la rescousse!... — Vrai Dieu!... — Tu as peut-être une cargaison de braves gens à sauver!... Nous ne te laisserons pas briser aux rescifs!... — Feu!... — Au ralliement!

Et le navire-fantôme approche lentement, montrant à la proue, au-dessous du génie de la France, son nom, *l'État*.

L'équipage est un pêle-mêle d'hommes grands, — petits, — maigres, — rabougris, — mâtinés, — étiolés, — affublés d'oripeaux, — perlés, — guirlandés, — moirés, — décorés sur toutes les faces, — frangés, — lustrés, — enrubannés, — galonnés sur toutes les coutures. — Quelques-uns penchent la tête et souffrent; — d'autres ont le regard calme, assuré, parce qu'ils ont foi

2.

dans l'avenir. — Ceux-ci sont timides, irrésolus; — ceux-là défiants, incrédules, pointant le croc sous la lèvre. — Cet ensemble fantastique contraste singulièrement. — Il y en a qui croient à tout, — d'autres qui baient et ne songent à rien. — Puis des barrés, — des tigrés, — des zébrés, — des blagographes, — des niveleurs, — des amoindrisseurs, — et, pis que cela, des embryonneurs.

Ce haut-fourneau projette, bon an mal an, une vingtaine de lois droites, croches, bifurques, légitimes, bâtardes, — selon que l'intérêt personnel a plus ou moins chargé le plateau. — Toutes sont arrivées devant le sénat avec un germe fécond, une pensée principiante, — rouages nécessaires au mouvement politique. — Le souffle-Roi avait passé dessus; — et, à l'étirage, au soudage législatifs, elles se sont trouvées souvent grêles, sans vertu ni ressort.

Il importe aujourd'hui que le concours des hommes prévoyants vienne en aide à la sagesse. — Le pays veut la stabilité; — il attend l'achèvement de l'édifice social si merveilleusement reconstruit.

Il est fatigué de ces brouillons dangereux qui, après avoir impuissamment déchaîné l'émeute et le crime, s'ingénient encore à défigurer le symbole, à désunir ce qui tend virtuellement à se réformer, et qui s'efforcent de déplacer les aiguilles sur les rails du progrès.

Il est fatigué de ces preux à conscience élastique, gardant un pied dans nos intérêts pour mieux nous trahir, relevant de Rome et de Belgrave-Square.

En ce moment une loi se prépare pour la dotation du futur Régent, — loi conséquente, rationnelle, conservatrice.

Et voilà que du creux de toutes les écritoires, du fourreau de toutes les plumes anarchiques, sortent des grondements, des vociférations, comme si le Cosaque et le Pandour étaient à nos portes. — Les partis ennemis ont fraternisé, — pactisé au choc du hanap; — on a conjuré, évoqué, tué la poule noire, pour se faire des augures favorables. — Les loups se sont renforcés des hyènes.

On ameute les mauvais instincts, — on trouble la vase pour en recueillir les bulles délétères; — on recherche les rancunes, on intimide les faibles, on veut entraîner les forts.

Tout cela parce qu'il s'agit d'unir plus intimement le premier fils du Roi avec le pays; — de voter un million au futur régent des Français!

Nous avons dit, loi conséquente, rationnelle, conservatrice!

En effet :

Toute règle doit avoir son coefficient,

Tout coefficient son principe-essence,

Toute pensée capitale généreuse, des pensées fractionnelles sympathiques.

Ainsi,

Quand les éléments de plusieurs siècles furent dispersés par le flot populaire de 1830, — tous les yeux cherchaient un homme, un messie ; — on ne le trouvait pas : — l'opposition géante d'alors, — cet ensemble si remarquable, si bien animé, offrait des dévouements, des courages ; mais pas une tête. — Cependant, il fallait reconstruire, coordonner ces débris, enfanter dans le chaos. — Un moment encore, et l'œuvre de Clovis se détraquait. — La belle France, ce tout si harmonieux, ce réseau si compact, allait se morceler, quand une grande intelligence apparut, offrant à la nation une famille nationale. un cœur patriotique et une vie exemplaire.

L'enthousiasme fut général ; — l'acclamation du peuple sanctionna le choix des représentants.

La dynastie d'Orléans fut fondée!

Ceux-là même qui avaient reculé, — pâli devant la tâche, se prirent alors de vertige : — inhabiles à faire le bien, ils voulurent empêcher le bien ; — mais la main était ferme. — Ils tombèrent vaincus, non désarmés ; — dans chaque grande circonstance, ils se soulèvent comme les Titans foudroyés sous l'Etna.

C'est à vous surtout, logiciens à petites cases, groupeurs de chiffres, annihileurs, que nous nous adressons.

Vous serait-il une seule fois agréable de faire preuve d'un peu de bon sens, de rester dans le vrai comme tout le monde?

Il n'est pas tout à fait impossible que vous ne connaissiez l'axiome vulgaire : — « *Qui veut la fin veut les moyens.* »

Or,

Vous acceptez le soleil, et vous faites ombre aux rayons; — les rayons, et vous récusez le soleil. — Voudriez-vous un ventre sans noblesse, — un homme et pas de tête, — une poitrine et pas de viscères, — un cœur et pas de veines?

Conçoit-on un roi sans majesté, — un souverain sans puissance, — un monarque sans sceptre, — une grandeur pauvre?

Allez, allez, fous, tout cela serait bien risible si ce n'était pas si bête!...

Anathème! criez-vous, une dotation d'un million! — Mais voilà qui est prodigieux, monstrueux! — c'est la ruine du pays, — l'engloutissement de la fortune publique! — Cache bien ton denier, ô peuple! on t'appâte pour te le ravir. — On veut te dépouiller, te pressurer! — Couvre bien ta marmite, — calfate avec l'étoupe et le ciseau, — le fumet pourrait les conduire, et ils dévoreraient ton pot au feu ! — C'est ton pain, ta sueur qu'ils demandent ; — et, plus que tout cela, tes joies, tes espérances, ton petit vin bleu, et l'archet sautillant à la barrière !

Puis arrivent des lamentations, des jérémiades, des quolibets, des pamphlets, des colères à assourdir.

Un million ! y songez-vous ? ce serait la dot de nos rosières, et nous en avons tant ; — l'apanage des grandes vertus, et nous en avons tant !... — Ah ! c'est un tort flagrant que vous nous faites ! — Vous nous volez ! — « *Messieurs, arrêtez mon voleur ! ne laissez pas échapper mon voleur !* » — Et dans leur délire, comme Harpagon, c'est leur bras qu'ils saisissent.

Qu'est-ce donc, en somme, que ce million que l'on fait résonner si lugubrement ? —

savez-vous bien? — faut-il vous le présenter sous toutes ses phases multiples et sous-multiples? — prendre un porte-voix, et vous crier :

Un million!... c'est un million de francs, et pas plus! 50 mille pièces de vingt francs, — 200 mille pièces de cinq francs, un million de pièces de 20 sous, — un milliard de centimes! — RÉCAPITULANT : — *Deux centimes six septièmes de centime* d'impôt volontaire à chacun des trente-cinq millions d'habitants que nous sommes!!...

Ce million est une conséquence de la dignité dont vous avez investi le duc de Nemours! — Traitement, solde, émoluments, liste civile, dotation, — quel que soit le nom, n'est-ce pas une nécessité, le corollaire indispensable du haut titre de Régent? — Chaque magistrature dans notre société est posée devant un chiffre. — Depuis le garde-champêtre jusqu'au Roi, — entre l'échelon infime et l'échelon suprême, — de l'alpha à l'oméga, — du nadir au zénith, — juges, prêtres, soldats, ministres, tout reçoit son appréciation de l'importance du rang. — Entre le chiffre et le grade les rapports sont égaux. — Allons donc! un écolier vous donnerait des leçons de politique et de justice avec la première règle d'équation.

Citez-moi un pays qui ne soit pas soumis à cette loi morale de rémunérer les places, — une société qui ait négligé de garantir son repos ou sa durée en s'affranchissant de ce mécanisme si simple, — depuis la Ville Éternelle qui commandait au monde, jusqu'à la république de Saint-Marin.

Avouons-le, n'ont-ils pas bon air à fulminer, nos tribuns! Comme ils s'entendent à lentiller! comme ils se balancent avec grâce dans l'escarpolette du ridicule, et que les DEUX CENTIMES SIX SEPTIÈMES DE CENTIME figurent joliment dans leur trébuchet!

— Offre-t-on de jouer sa part au doigt mouillé?.............................

Mais nous ne nous sentons pas le courage de rire plus longtemps..... — Les adversaires de la dotation savent-ils combien ils se rendent coupables? — N'ont-ils donc rien reçu de l'éclat et de la sagesse du trône? — Le bienfait n'existe-t-il plus parce qu'ils le nient. — Ingrats! vous avez hérité comme tous, et vous voulez entraîner les esprits dans votre immorale opposition! — Vous errez d'autant qu'il s'agit d'un fait purement logique, que ce fait résulte de l'ensemble des conditions sociales elles-mêmes.

Chacun apporte son grain de sable, et le temple construit, achevé, devient le refuge de tous. — La royauté, ramification intime, renforcée à sa source de vénules, de ruisseaux, de rivières, est le fleuve-géant qui alimente à son tour les canaux d'irrigation, fertilisant au loin : c'est lui qui nourrit le brin d'herbe et féconde le chêne; — c'est lui qui partout répand l'abondance et la vie à côté des germes de destructivité et de mort.

Ne connaissez-vous point, vous qui parlez ainsi, les actes réitérés de la munificence du trône? — Ignorez-vous que chaque jour la famille royale épuise sa bourse en faveur des indigents *de toutes les classes?* — Quand une grande calamité afflige le pays, — inondations, incendies ou désastres, — c'est elle qui témoigne la première de sa douleur, — de ses sympathies; — elle a des secours pour les ouvriers sans travail, — pour les veuves, — pour les orphelins; — elle a des secours pour les réfugiés de toutes les nations; — elle a des secours pour tout ce qui a été proscrit par le malheur ou la fortune, pour tout ce qui souffre.

Naguère encore une tombe se fermait sur un de vos poëtes : sa verve hostile, âcre, injurieuse, avait souvent dans des ïambes ardents conjuré le feu sur des têtes augustes. — Vous l'aviez abandonné sur son lit de douleurs. — Il mourait! — et vous n'aviez pas songé à savoir pourquoi le tribut hebdomadaire-impie ne venait plus à votre feuille saturnale. — Il mourait! — Et quand un ministre implora le Roi, — le Roi ne voulut pas se rappeler qu'on l'avait outragé. — Il ouvrit des trésors de générosité et de pardon. — En échange de l'éponge de fiel, — il fit descendre le pain des anges au chevet du poëte mourant : — communion sublime! — hostie sainte qui ne put sauver le pécheur, mais qui le consola, — et lui fit trouver des mots de repentir pour celui qui peut dire avec le Christ :

« *Mangez, ceci est mon corps! Buvez, ceci est mon sang!* »

..... Mettez maintenant d'un côté ce luxe d'affection vive, toujours constante, toujours égale ; — de l'autre, votre petit million : — il rougira du parallélisme honteux que vous osez lui faire subir.

Vous procédez du reste de la même manière en toutes choses : — vous consumez votre existence à quereller sur des pointes, et à dresser le peuple au manége de vos petitesses.

Vains efforts !

Le char comme le tombereau n'en reposent pas moins sur un principe immuable : — le cercle de rotation, — de parcours, — de vitesse : l'expression du vrai, — de l'infini.

D'ailleurs cette offrande, qui doit prouver la confiance du pays dans son chef, — qui doit homologuer l'appréciation de son courage et de son habileté, — témoigner de la reconnaissance de tout un peuple sauvé de l'anarchie, — est une bien faible compensation à tant de veilles et de douleurs, mais elle sera une gloire consolante pour l'homme holocauste, parce que c'est à son fils que remontera l'hommage de la nation.

Comme Bellovèze, cet autre enfant des Gaules ne veut pas l'impôt par l'épée; — comme Napoléon, il ne demande pas en frappant du talon de sa botte. — Le duc de Nemours, qui déjà, lui aussi, a sa page dans l'histoire, — attend tout de notre amour, et, comme gage de cette haute récompense, apporte l'auréole symbolique de sa responsabilité.

Garantie suprême, — consacrée par la sainte hypothèque que le Roi nous donne sur le plus beau fleuron de sa couronne, sur ses enfants; — greffe généreuse, profondément entée sur l'arbre national.

Le Roi est riche, dites-vous, et quand le plus modeste artisan dote ses fils, le Roi ne saurait-il doter les siens? — Argument pitoyable, qui prouve votre immoralité envers le peuple, à qui vous voudriez faire déserter l'habitude des sentiments nobles pour le lancer dans vos voies mesquines, — le jeter hors de tout respect en le faisant se méprendre sur ses véritables intérêts.

Mais il n'a pas, comme vous, oublié que c'est au Roi qu'il doit son état prospère; — que c'est le Roi qui a su conserver au sol son intégrité, à chacun de vous son patrimoine, — à vous-mêmes l'avenir.

Tout a pris un nouvel essor, chaque chose s'est consolidée sous son action puissante.— Instruction libérale, industrie, chemins de fer, canaux, machines à vapeur, — monuments, marine, armée, crédit public!

Où vous vous efforciez de faire des impasses, son génie ouvrait des issues; — où vous amoindrissiez, — il développait; — où vous obscurcissez encore, il éclaire; — où vous tuez, il vivifie.

Depuis 1830, il lui fallait veiller, sur tous

les terrains, à ce que le pays ne se brisât pas aux piéges multipliés des ennemis de notr sainte cause; — en même temps, jeter des bases d'ordre, et faire concourir tous les intérêts particuliers à la prospérité générale. — Dieu a béni ses efforts! — et aujourd'hui, ne lui tiendrez-vous pas compte de ses nuits passées sans sommeil? — de cette abnégation courageuse? — de cette prévoyance jamais en défaut, de cette sagesse continue, qui fait que lorsque, seul, il ne prend pas de repos, — en repos vous pouvez vous livrer à l'accroissement de votre fortune, au progrès de vos sciences, à l'avenir de vos fils?...

Lui seul s'inquiète, use ses jours; lui seul plane comme un souffle sacré au-dessus de vos besoins et de vos espérances! —

Qui le dédommagera pour les années-martyres de sa vieillesse?

Ne lui ferez-vous pas témoignage que nul d'entre vous n'eût fait de plus grands sacrifices, et qu'ainsi que l'a dit O'Connell, — *il y a des services qui ne se comparent pas avec l'argent!*

Heureusement, vous n'êtes qu'une fraction très-infime du grand tout.

Continuez à faire tête sur l'édifice, — les fondations sont solides et ne redoutent rien de votre bélier creux.

Le pays ne se montrera pas ingrat comme vous voulez le faire : — il soutiendra ce qu'il a sanctionné; — donnons de la pompe au souverain; — rayonnons sur lui pour qu'il rayonne sur nous.

Charles-Quint enveloppait les Espagnes de son manteau impérial. — Charlemagne faisait refléter son diadème d'un pôle du monde à l'autre.

Dans Rome, encore barbare, Décius, comblant le gouffre, fut divinisé. — De nos jours un Roi réparateur, législateur, la base du temple, la clé de l'homme, le creuset où se combinent les forces généreuses, — Louis Philippe au sein d'un peuple éclairé, dans la patrie des sciences et des arts, dans une société d'élite et de bon goût, calomnié, disputé, abreuvé de fiel, Louis-Philippe, ce Christ politique, qui voit naître chaque jour un piquant sous sa couronne d'épines, — n'en sera pas, nous l'espérons, à regretter le sacrifice qu'il a fait de sa vie et du sang de son sang.

www.ingramcontent.com/pod-product-compliance
Ingram Content Group UK Ltd.
Pitfield, Milton Keynes, MK11 3LW, UK
UKHW020422220726
13923UKWH00005B/2105

9 782019 273668